Détache la feuille en suivant les pointillés ←

Autocollants-mots

anniversaire bougies

cadeau chanson fête

gâteau papier paquet

photo surprise

Autocollants-images

Le meilleur anniversaire

milan

Ce livre est spécial :
tu peux écrire dedans !
Et même, tu DOIS écrire dedans !

Ce livre appartient à :

....

Pour prendre son cadeau, Tom doit aller du A jusqu'au Z.

Attention, il manque cinq lettres ! À toi de les écrire.

Dans son message, grand-père Léo a inversé deux lettres. Les vois-tu ?

Écris la bonne phrase !

J'AIME MANGER DES GÂDEAUX ET OUVRIR DES CATEAUX !

Sur ces mots, un paquet cache une lettre. Devine de quelle lettre il s'agit !

Puis écris les mots en entier !

BOUGIS ....

PAPIR ....

PAQUT ....

GÂTAU ....

Pour comprendre ce que disent les personnages, complète leurs bulles avec les mots suivants :

FÊTE CHANSON SURPRISE
ANNIVERSAIRE PHOTO

CHOUETTE,
C'EST LA _ _ _ _ !

OH, QUELLE BELLE
_ _ _ _ _ _ _ _ _ !

SOURIEZ POUR LA _ _ _ _ _ !
C'EST LE MEILLEUR _ _ _ _ _ _ _ _ _ _ _ _ _ _ DE MA VIE !
ET MAINTENANT, LA _ _ _ _ _ _ _ _ : *JOYEUX ANNIVERSAIRE... !*
Bravo, tu as très bien écrit !

Maintenant, tu vas pouvoir lire ton histoire.
Mais attention : il manque dix mots.
Retrouve-les parmi les autocollants-mots au début du livre, et colle-les au bon endroit dans l'histoire.

Ne t'inquiète pas, tu les connais tous !

anniversaire bougies

cadeau chanson fête

gâteau papier paquet

photo surprise

Par ici, l'histoire commence !

Le meilleur anniversaire

Une histoire écrite par Paule Battault,
illustrée par Pauline Caudrillier

Aujourd'hui, on célèbre
trois anniversaires : les 5 ans
de Tom, les 13 ans de Marie
et les 71 ans de leur grand-père Léo.

C'est la [ ] !

Tout le monde chante :

– *Joyeux anniversaire ! Joyeux anniversaire !*

Après la ____, c'est le moment de souffler les ____, puis de déballer les cadeaux.

C'est Tom
qui commence.
Scritch, scratch !
Il déchire le .

Et là, catastrophe ! Le petit garçon déteste son .

Tom pense :
« C’est affreux !
C’est la surprise la plus nulle
que j’aie jamais eue ! »

Mais, pour ne pas blesser
ses parents, il dit :

– C’est merveilleux !
C’est la plus belle
que j’aie
jamais eue !

Maintenant,
c'est au tour
de Marie.
Scritch, scratch !

« Quelle horreur ! pense Marie.
C'est le pire anniversaire
de ma vie ! »

Mais, pour ne pas blesser ses parents, elle dit :

– Quel bonheur ! C'est le meilleur de ma vie !

Enfin, grand-père
Léo ouvre
son .
Scritch, scratch !

« Mais qu'est-ce que je vais faire de ça ? se demande-t-il. Ça m'est complètement inutile ! »
Seulement, il ne veut pas blesser sa fille et son beau-fils,
alors il dit :
– Voilà
un cadeau
bien utile !

Les parents de Tom et Marie
prennent une . Clic, clac !

Puis ils éclatent de rire :
– Vous voyez bien que nous
nous sommes trompés
en distribuant les cadeaux !

– Le tableau, c'est pour vous, Léo ! dit le papa.

– Le skate, c'est pour toi, Marie ! dit la maman.

– Alors, la peluche zombie, c'est pour moi ? demande Tom, soulagé.

– Mais oui !

Et tout le monde mange le .

Fin

À ton tour d'écrire un petit texte en choisissant chaque fois les mots que tu préfères !

Léo porte

....

le gâteau / le cadeau

Marie porte

....

le cadeau / les bougies

Tom porte

....

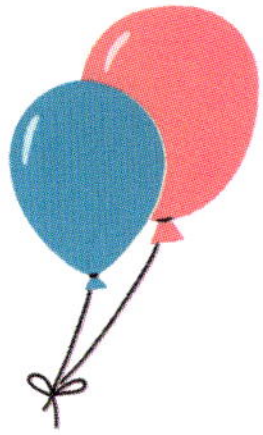

les bougies / le gâteau